AF542336

LETTRE

De l'Auteur de la double Traduction Littérale & Poëtique des Pseaumes de David, suivant la Vulgate, à un Ami, qui lui a fait quelques observations sur l'Essai de cet Ouvrage, imprimé chez Thiboust, Imprimeur du Roy, Place de Cambray.

VOUS me donnez, MONSIEUR, une preuve de votre amitié, en me disant sans déguisement ce que l'on pense de ma double Traduction Littérale & Poëtique des Pseaumes de David : mais vous avez de moi trop bonne opinion, quand vous croyez que je pouvois me méfier moins de moi-même, & ne pas présenter au Public un simple Essai des XXVI premiers Pseaumes. Songez qu'après des Traductions Françoises, cent fois tentées depuis un siécle, un nouveau Traducteur a dû craindre que le Public ne se rebutât : j'ai dû par modestie douter de la bonté de mon travail ; & par prudence, du succès. J'ai traduit tous les Pseaumes ; mais j'ai dû, & je l'ai dit dans ma Préface, pressentir par un Essai les personnes éclairées, pour sçavoir si elles ne trouveront pas quelque défaut à corriger dans mon Plan, ou quelque perfection qu'il soit nécessaire d'y ajouter. Aurois-je été sage, d'entreprendre une impression dispendieuse, pour suivre un Plan jusqu'ici peu connu, sans m'être assuré du goût du Public ?

Mon zéle pour le contenter ne s'endormira pas : j'en dispose actuellement cinquante, dont la moitié a déja subi l'Examen ; j'y vais présenter l'autre ; & je les ferai passer à l'impression, dès que j'aurai lieu de croire que le Public me fera la grace de les recevoir avec quelque empressement. Il aura ainsi dans peu un premier Volume de soixante-quinze Pseaumes, qui en feuilles ne coutera que *trois livres*.

Vous me consolez, quand vous m'assurez que le plus

grand défaut, que l'on ait trouvé dans mon Essai, vient de la conformité de la Traduction Poëtique avec la Littérale, dans un grand nombre d'endroits; conformité qui annonce trop souvent qu'il eut mieux valu n'en donner qu'une. Je ne crains point de vous dire, que ce défaut changera de nom, & sera regardé comme un arrangement nécessaire; pour peu que l'on pese les raisons, qui m'ont fait prendre le parti de présenter deux Traductions.

La Vulgate étant un Latin Poëtique, qui en bien des endroits est intelligible, & dont le sens se présente de lui-même; la Traduction Poëtique alors ne doit rien avoir qui la distingue de la Littérale; & j'ai évité dans la Poëtique d'introduire aucun tour ou expression libres, qui fussent de moi; les moindres libertés étans vicieuses dans la Traduction d'un Livre Sacré. J'ai mieux aimé alors rendre uniformes les deux Traductions, que de hazarder le moindre changement, qui n'eut pû qu'affoiblir le Texte Latin, d'autant plus riche, qu'il est extrêmement concis.

Vouloir jetter de l'élevation dans tous les endroits des Pseaumes, où l'on voit régner une belle simplicité; c'est vouloir détruire dans ces Poësies l'œconomie qui les rend parfaites. C'est cette simplicité, qui fait mieux appercevoir les riches traits qui en sortent & qui frappent. En croyant m'élever, j'eusse affoibli les Pseaumes: j'ai mieux aimé laisser toujours parler David, que de chercher à lui prêter mes expressions; qui jamais n'eussent valu les siennes aux yeux des connoisseurs. S'ils veulent me faire la grace de suppléer à mon incapacité, je recevrai avec joye leurs avis, pour la perfection de mon Ouvrage.

Quant aux endroits, où la Vulgate est difficile à lier & à expliquer; si j'ai ajouté quelque chose à la Poëtique, pour la rendre plus coulante; j'ai dû dans la Littérale tout négliger, pour la rendre visiblement conforme à la Vulgate; & prouver ainsi l'exactitude du tour François, un peu plus libre dans la Poëtique.

Je sçai que pour éviter l'ennui des répétitions dans deux Traductions, j'aurois pû ne donner que la Poëtique, &

faire passer dans les Notes les explications nécessaires, pour exposer la lettre : mais après avoir tenté l'usage de cet arrangement, j'ai vû qu'il eut trop multiplié les Notes, & les eut surchargé d'un détail ennuieux, pour prouver les liaisons de chaque verset, traduit à la lettre, avec les autres versets précédens ou suivans. Ainsi pour ne pas fatiguer le Lecteur, par la longueur d'un examen sec & épineux, j'ai cru plus simple & plus sûr de l'ennuier un peu, par la lecture des endroits, qui se trouvent uniformement rendus dans l'une & l'autre Traduction; ennui qu'il lui est facile d'éviter, & qu'il ne reçoit que quand il a la curiosité d'examiner. Alors il s'en trouve dédommagé, par la facilité de trouver de suite dans la Littérale le Pseaume entier, lié dans toutes ses parties; de pouvoir ainsi presque d'un coup d'œil comparer deux Traductions pour les endroits difficiles, & reconnoître par conséquent si la Traduction Poëtique est exactement conforme à la Vulgate.

Je me suis fait un devoir essentiel de menager la facilité de cet examen, même à ceux qui n'entendent point le Latin. Plusieurs, aimant sans prévention les vérités du salut, & s'exerçant dans la priere, peuvent être tentés du désir infiniment loüable de méditer les Pseaumes, & de bien comprendre les instructions qui y sont renfermées; pour mieux entrer dans les sentimens que doivent donner des prieres inspirées par l'Esprit-Saint : je leur donne le moyen d'examiner & de me juger, par la comparaison qu'ils peuvent faire de ma double Traduction, suivant la Vulgate, avec les Traductions qu'ils jugeront à propos de choisir, dans le grand nombre de celles répanduës dans le Public, sur-tout suivant l'Hebreu : je les mets en état de voir, si l'exactitude de mes Traductions prouve que je n'aye pas abondé dans mon sens.

Que l'on choisisse par exemple la Traduction Hebraïque, imprimée chez Ch. Osmont, avec des Notes qui présentent un nouveau Texte Latin, pour tous les passages regardés comme obscurs dans la Vulgate. *Edition nouvelle de* 1740.

Que l'on y joigne une autre Traduction Hebraïque &

Historique, imprimée en 1742, chez J. B. Lamesle, Pere; dans laquelle on designe l'occasion précise, où l'on présume que chaque Pseaume a été composé par David ou autre; & dans laquelle, en suivant ce plan d'Histoire, on a distribué tous les Pseaumes, dans une suite toute autre que celle qu'ils ont dans la Vulgate.

Je propose le choix de ces deux dernieres Traductions suivant l'Hebreu; parce qu'on a tout lieu de croire qu'elles ont été travaillées avec le plus grand soin, les plus exactes recherches, & le plus serieux examen, facilités par toutes les autres Traductions précédentes.

Si l'on veut se donner la satisfaction de comparer le Pseaume XVe de ma double Traduction Littérale & Poëtique, suivant la Vulgate, avec ce même Pseaume des deux Traductions suivant l'Hebreu; j'espére qu'il sera facile de reconnoître, que l'on s'est trop écarté depuis long-tems de la Vulgate, dans toutes les Traductions où elle a été abandonnée, pour les endroits difficiles à expliquer. Je crois même qu'on jugera qu'il n'est pas possible qu'elles soient conformes à l'Hebreu Original.

Comparaison du Pseaume XV.

Dans ma Traduction Poëtique, le titre de ce Pseaume instructif & de priere annonce, que la confiance en Dieu & la priere sont le tribut que Dieu exige de l'homme, pour lui accorder les graces du salut.

L'argument fait voir ensuite, que c'est un fidéle qui commence ce Pseaume, & qui adresse la parole aux fidéles assemblés.

1. *Puisqu'en vous, Seigneur, j'ai mis mon espérance; conservez moi, ai-je dit au Seigneur: étant mon Dieu, vous n'avez pas besoin de mes biens.*

Un juste éminent en sainteté, ou pour mieux dire Jesus-Christ lui-méme, prend ici la parole & dit aux fidéles:

2. *Aux Saints qui sont sur la terre du Seigneur, ce fidéle a merveilleusement exprimé tout ce que je leur demande:*

(3) *Ils ont été chargés d'infirmités ; on les a vû depuis marcher d'un pas rapide.*

Fortifié dans son espérance en Dieu, toujours miséricordieux quand il est imploré dans une humble priere, le fidéle reprend la parole ; pour confondre ceux des Juifs grossiers, qui par une fausse piété ne s'attachoient qu'aux Sacrifices.

4. *J'abandonnerai ces hommes assemblés, pour voir égorger des victimes ; victimes dont je ne daigne pas prononcer les noms :* (5) *Seigneur, qui êtes ma portion héréditaire, la portion de mon breuvage, vous seul me ferez rentrer dans mon héritage.* (6) *Qu'elle est belle cette portion mesurée au cordeau ! Que mon héritage est beau !*

7. *Je benirai le Seigneur qui m'a donné l'intelligence ; & qui a fait naître dans mon cœur les mouvemens, qui jusqu'à la nuit m'ont reprimandé.*

Jesus-Christ confirme par son exemple la confiance que ce fidéle a fait voir ; & annonce les merveilles que Dieu operera, pour le tirer de la mort. David prédit ainsi la Résurrection de Jesus-Christ, qui est comme un gage de la Grace qui délivre de la mort du péché ceux qui ont recours à Dieu, & qui leur assure le bonheur de ressusciter & de jouir de la vie éternelle.

8. *Je voyois toujours devant moi le Seigneur, qui est à ma droite pour me soutenir.* (9) *Cette vuë a remplie mon ame d'une joye, que ma langue a exprimé avec transport : c'est aussi ce qui fait que ma chair réposera dans l'espérance.* (10) *Non, vous n'abandonnerez point mon ame dans le tombeau ; vous ne permettrez pas que votre Saint soit livré à la corruption.*

Le fidéle finit, & remercie Jesus-Christ, auquel il parle comme à son Dieu Rédempteur.

11. *Vous m'avez fait connoître les chemins de la vie : vous me ferez trouver dans le bonheur de vous voir une joye pleine ; votre droite jusqu'à la fin me fera trouver des délices.*

Ce Pſeaume, ainſi diſtribué ſuivant la Vulgate, a certainement des beautés, qui font reſpirer une Poëſie ſolide & ſatisfaiſante : je l'ai accompagné de Notes qui expliquent les ſens figurés & Prophétiques.

Dans la premiere Traduction ſuivant l'Hebreu, tout ce Pſeaume XVe eſt dans la bouche de Jeſus-Chriſt une priere, qui renferme les motifs de ſon Incarnation ; & qui annonce ſa Mort, ſa Sépulture, ſa Réſurrection, ſa Gloire éternelle à la droite de Dieu ſon Pere.

1. *Conſervez-moi, Dieu tout-puiſſant, parce que je mets toute mon eſpérance en vous : Je dis au Seigneur ; vous êtes mon Dieu, mes biens ne vous ſont pas néceſſaires.*

2. *Mais ils ſont néceſſaires aux Saints qui ſont ſur la terre ; aux Saints & aux Elus, qui ſont l'objet de toute ma bienveillance :*

3. *Dès que leurs peines ſe multiplieront, ils viendront en diligence.*

4. *Je n'offrirai point les Sacrifices ſanglans qu'ils avoient coûtume d'offrir : je ne me ſouviendrai pas même du nom de ces Sacrifices, pour en parler.*

5. *Seigneur, vous êtes tout mon héritage & tout mon bien ; c'eſt vous qui affermiſſez mon ſort.*

6. *La part qui m'eſt échuë eſt délicieuſe ; & ce que je poſſéde m'eſt infiniment agréable.*

7. *Je benirai le Seigneur qui m'éclaire de ſes conſeils : la nuit même, le feu dont mon cœur brûle me ſert de lumiere.*

8. *Je me tiens toujours en la préſence du Seigneur ; parce qu'il eſt à ma droite pour empêcher que je ne ſois ébranlé.*

9. *C'eſt pour cela que mon cœur eſt dans la joye, & que*

mon ame eſt remplie d'allégreſſe; & ma chair même repoſera dans une ferme eſpérance.

10. *Parce que vous ne me laiſſerez point dans le tombeau; & que vous ne permettrez point que votre Saint éprouve la corruption.*

11. *Vous me montrerez le chemin de la vie; vous me raſſaſierez de joye par la vuë de votre viſage, & vous me ferez gouter à votre droite les délices éternelles.*

Dans la Traduction Hiſtorique, le Pſeaume XVe, devenu le XLIIIe, eſt dans le ſens littéral, une priere que fit David, lorſqu'il ſe fut refugié avec ſix cens hommes chez Achis Roi de Geth. *Voyez le Livre I. des Rois, chap. 27. ℣. 2 & 3.*

Le Traducteur préſume, avec grande apparence, qu'Achis invita David à embraſſer la Religion des Philiſtins Idolâtres, ou au moins à ne pas la regarder avec averſion. David prie Dieu de le garder d'une telle impieté, & proteſte qu'il lui ſera toujours attaché comme au ſouverain bien; que la Terre d'Iſraël lui ſera toujours chere; qu'il a une ferme eſpérance de toujours vivre pour Dieu & de le poſſéder à jamais.

Ce Pſeaume eſt principalement, & dans le ſens propre & naturel, une priere de Jeſus-Chriſt, converſant au milieu des Juifs & répoſant dans ſon tombeau.

Il eſt auſſi, à proportion, la priere d'un Chrétien, qui ſe voit dans le monde environné d'ennemis, qui ne ſont capables que de le ſéduire, ſoit par leurs mauvais exemples, ſoit par leurs mauvais diſcours.

1. *Gardez-moi, Seigneur, c'eſt en vous que je mets ma confiance: c'eſt au Seigneur que j'ai dit; vous êtes mon Dieu; rien ne m'eſt bon au prix de vous.*

2. *Je n'ai d'affection que pour le Sanctuaire, que vous avez ſur la terre.*

3. *Ceux-ci ont un grand nombre d'Idoles ; ils courent après des Dieux étrangers.*

4. *Mais je n'offrirai point le ſang de leurs victimes ; je ne prononcerai pas même le nom de leurs Dieux.*

5. *Le Seigneur eſt mon partage, il eſt tout mon bien : c'eſt vous qui me conſerverez l'héritage qui m'eſt échu par ſort.*

6. *Que la part qui m'eſt échue eſt excellente ! que mon héritage m'eſt précieux !*

7. *Je benis le Seigneur de l'intelligence qu'il m'a donné ; & des inſtructions que j'en reçois, même intérieurement pendant la nuit.*

8. *J'ai toujours le Seigneur devant les yeux ; il eſt à ma droite, de peur que je ne ſois ébranlé.*

9. *C'eſt pourquoi mon cœur eſt dans la joye : ma langue la fait éclater au dehors : ma chair même repoſe dans l'eſpérance.*

10. *Car vous ne laiſſerez pas mon ame dans les enfers ; vous ne permettrez pas que votre Saint éprouve la corruption.*

11. *Vous me découvrirez les ſentiers de la vie : vous me raſſaſierez de joye par la vuë de votre viſage ; vous me ferez gouter à votre droite d'éternelles délices.*

Ma Traduction Poëtique, ſuivant la Vulgate, préſente dans le Pſeaume XVe un tableau inſtructif ; où l'on voit un fidele, qui pour être conſervé dans la Juſtice a recours à Dieu, ſçachant que le grand ſacrifice qu'il demande eſt celui d'un cœur qui ſe remet entre ſes mains, tant pour obtenir que pour conſerver la grace de lui plaire.

On y voit David, qui repréſentant Jeſus-Chriſt, paroît comme un Juſte éminent en ſainteté, à la tête des fideles qu'il eſt chargé d'inſtruire : ou pour mieux dire, on y voit

Jesus-Christ, lumiere divine, qui les instruit lui-même, & leur confirme ce que le fidele a annoncé.

Les autres parties de ce Pseaume sont de même développées dans un jour, qui, ce me semble, en facilite l'intelligence.

Les Traductions suivant l'Hebreu confondent le fidele qui prie & le maître qui instruit. Cependant il faut bien distinguer celui qui au ℣. 1. parle en son nom, & celui qui parle au ℣. 2. & 3. Ce dernier dit *mirificavit*, & cite une tierce personne, qui ne peut être que celui qui vient de parler : c'est ce que je crois avoir trouvé assez heureusement pour instruire suivant la Vulgate.

Des Traducteurs suivant la Vulgate ont attribué cette priere à Jesus-Christ : mais, en s'écartant en cela du texte Latin, ils se sont expliqués de façon à ne le pas détruire. Ils n'ont pas fait dire à Jesus-Christ, ainsi que l'on voit dans la premiere Traduction tirée de l'Hebreu au ℣. 2. *Mes biens, mes graces sont nécessaires aux Saints, aux Elus, qui sont l'objet de toute ma bienveillance : ℣. 3. dès que leurs peines se multiplieront, ils viendront en diligence.* Ils n'ont pas fait dire à Jesus-Christ, comme on voit dans la Traduction historique au ℣. 2. *Je n'ai d'affection que pour le Sanctuaire que vous avez sur la terre ;* c'est-à-dire, pour les Elus dans lesquels vous habitez. C'est trop assurer que les autres n'ont point de faveurs à attendre. Il est aisé de voir dans la Vulgate que Jesus-Christ dit & fait dire au fidele tout le contraire.

Les Saints, les Elus, dit Jesus-Christ, étoient des hommes foibles, qui ont eu recours à moi ; leurs infirmités étoient sans nombre ; on les a vû depuis, soutenus par ma grace qu'ils m'ont demandé, marcher d'un pas rapide.

Seigneur, dit le fidele, les pécheurs qui aiment leurs foiblesses vous présentent leurs biens méprisables, vous offrent des sacrifices, & vous refusent celui du cœur, le seul qui vous soit agréable. Eclairés par votre lumiere, prévenus par votre grace, qu'ils suivent l'exemple de ceux qui ont désiré la justice, & qui y ont eté conduits & affermis ; leurs prieres obtiendront la grace qui fait les Elus. Vous êtes Seigneur notre ſouverain bien ; vous ſeul pouvez nous rendre heureux ; vous ſeul pouvez par votre grace nous empêcher de vous perdre, & rendre à ceux qui vous implorent, après avoir eu le malheur de vous déplaire, le bonheur de retrouver en vous un pere miſéricordieux.

Sur la terre où tous ſont éclairés, nous ſommes Seigneur par une faveur ſpéciale votre peuple chéri, comblé de vos lumieres : que notre partage eſt heureux ! Que notre héritage eſt beau ! Je ne ceſſerai de benir le Seigneur qui m'a éclairé avec prédilection ; & qui par le feu de ſa lumiere a fait naître dans mon cœur les mouvemens, qui dans mes foibleſſes m'ont réprimandé, & m'ont excité à les combattre.

Me ſera-t'il permis de dire ici que ces leçons ſont inſtructives, conſolantes, & très propres à faire rentrer les pécheurs en eux-mêmes ; & que pour les enſeigner il vaut mieux ſuivre la Vulgate, que de s'en écarter, pour faire parler l'Hebreu tout autrement.

Il me ſuffira d'avoir fait, pour les ſept premiers verſets, la comparaiſon de ma Traduction Poëtique ſuivant la Vulgate, & des deux Traductions ſuivant l'Hebreu : on voit aſſez qu'elles offrent des leçons eſſentiellement différentes. J'obſerverai ſeulement pour les autres verſets, qu'il s'y rencontre encore bien des différences moins graves, qui prouvent que l'on abandonne en tout trop facilement la Vulgate. Tous les tems ſont changés, ſuivant le beſoin, les préſens, les paſſés, les futurs, & autres ; tout change de face, expreſſions, conſtructions ; enſorte que les penſées & par conſéquent les inſtructions ne ſont plus les mêmes ; il ne reſte de la Vulgate qu'un tiſſu, brodé comme on a voulu.

Dans la conjugaiſon des verbes Hebreux, un même mot ſignifie divers tems, cela eſt vrai : mais il n'en eſt pas de même des verbes Grecs & Latins. Quand les Juifs envoyerent à Ptolomée Philadelphe ſoixante-douze vieillards, pour traduire de l'Hebreu en Grec les livres Saints ; il a certainement fallu pour une traduction exacte, dans toutes les occaſions où l'Hebreu préſentoit un mot, qui laiſſoit deux tems à choiſir, que ces interpretes fideles, également inſtruits de l'une & l'autre langue, choiſiſſent le tems qui rendoit le plus exactement la penſée ; & ils firent ce choix bien plus ſûrement qu'on ne peut faire aujourd'hui.

Quant à la Traduction latine des Pſeaumes, que la plûpart des Sçavans eſtiment faite ſur celle des Septante, pour tous ceux à qui la langue Latine étoit plus familiere, dans le nouveau peuple choiſi, répandu dans tout l'Empire Romain; on ne peut douter qu'elle n'ait été faite, qu'elle n'ait été examinée, avec la même exactitude, avec les mêmes attentions, dès les premiers tems, par des Chrétiens éclairés, par pluſieurs d'entre les Juifs Chrétiens, qui entendoient & le Grec & le Latin & l'Hebreu ; afin de donner aux fideles des Prieres latines qu'ils puſſent méditer & entendre, pour obtenir & conſerver les graces du ſalut, attachées à la Priere.

Les hommes dociles, qui après une longue & infatigable méditation ne ſont pas parvenus à pénétrer dans la Vulgate, doivent chrétiennement ſe dire à eux-mêmes ; j'entendrai encore moins l'Hebreu.

C'eſt donc la Traduction latine, adoptée par l'Egliſe, qu'il faut ſuivre & s'efforcer de traduire en François à la lettre ; puiſqu'elle ne peut être qu'une Traduction pure & invariable, dont on ne doit pas s'écarter, auſſi facilement que l'on a fait dans les Traductions ſuivant l'Hebreu.

Comparez, dans les deux Traductions Hebraïques, les deux verſets 3 : dira-t'on que l'Hebreu rend également des penſées, qui de l'une à l'autre n'ont aucun rapport ?

Comparez les deux verſets 1 ; les deux verſets 4, à la fin ; les deux verſets 7 ; & obſervez d'ailleurs la liberté priſe de changer tous les tems. Ces libertés ſont un défaut, quand il s'agit de traduire les livres Saints.

Comparez enfin, en tout ou en détail, chacune des deux Traductions ſuivant l'Hebreu, avec ma Traduction Poëtique du Pſeaume XV. Vous verrez que ce Pſeaume ne préſente aſſurément pas le même ſujet, le même plan, les mêmes leçons, les mêmes vérités. C'eſt cependant ce qu'il eſt important de fixer dans une Poëſie inſpirée par l'Eſprit Saint.

Je me ſuis un peu étendu dans la comparaiſon du Pſeaume XVe; afin que ceux qui examineront ma Traduction Poëtique ſuivant la Vulgate, trouvent plus aiſément le moyen de faire la même comparaiſon pour tous les vingt-ſix contenus dans l'Eſſai.

En bien des endroits peu faciles, ſoit à lier, ſoit à expliquer, ils jugeront ſi j'ai été aſſez heureux, pour découvrir les véritables liaiſons, les véritables ſens, conformément à la Vulgate; & s'il ne vaut pas mieux s'y fixer, & s'y conformer de plus en plus, que de chercher dans l'Hebreu des ſujets, des liaiſons, des ſens tout différens.

Maintenir la Vulgate n'eſt pas détruire l'Hebreu : je dis au contraire qu'en méditant cette Traduction latine, qui doit nous être plus familiere, on ménagera les moyens de la concilier avec l'Hebreu ſa ſource reſpectable; pour trouver, reconnoître, & reſpecter dans toutes les deux une même vérité.

La Vulgate des Pſeaumes, ſur-tout depuis dix ans, a été ma ſeule méditation, & depuis plus de cinq mon unique travail : je ſouhaite que l'étude que j'en ai fait mette les Sçavans en état de faire mieux que moi.

Je crois devoir ajouter ici une derniere obſervation à toutes mes réfléxions, ſur le Pſeaume XVe. Il me ſemble que l'on ne trouve rien dans la Vulgate, qui puiſſe faire préſumer avec la moindre apparence, que le ſéjour de David chez les Philiſtins ait été l'occaſion préciſe qui le détermina à compoſer ce Pſeaume.

On ne voit pas même, par la comparaiſon des deux Traductions Hebraïques, comment l'Hebreu a pû faire préſumer cette vraiſemblance; ou il faut que les deux Traducteurs ayent conſulté des Hebreux bien différens.

D'ailleurs David, refugié chez les Philiſtins, eſt-il bien à cet égard figure de Jeſus-Chriſt converſant au milieu des Juifs, & repoſant dans ſon tombeau?

Vous avez trouvé, Monſieur, des perſonnes qui n'ont pas goûté la nouveauté des Interlocuteurs, qui quelquefois paroiſſent dans un Pſeaume. Je répons en général que c'eſt la Vulgate qui me les a préſenté, & qui m'a forcé de les faire parler, pour parvenir à la traduire à la lettre. Sans chercher à me juſtifier par un trop long détail, je me borne à une réfléxion ſimple. Si vous voyez que l'on perſiſte à vous faire cette difficulté; choiſiſſez un Pſeaume, avec quelqu'un à qui les beautés de la Poëſie ſoient un peu familieres; examinez quels ſont les interlocuteurs que l'on peut ſupprimer, ſans affoiblir le Pſeaume, & ſans altérer en rien le ſens de la Vulgate, dans toutes ſes expreſſions; je promets de me conformer à ce qui ſera jugé le meilleur.

Je n'ai point cherché en homme vain à prêter à David mes idées, quand j'ai placé dans un Pſeaume pluſieurs interlocuteurs; & pour vous en donner la preuve je m'en tiens au Pſeaume XVe; j'ai pour garants les Traducteurs du Port-Royal, qui ont donné les Pſeaumes en trois Colonnes. Ils ont trés clairement obſervé, dans la colonne des notes au verſet 2, que c'eſt Jeſus-Chriſt qui parle dans ce verſet. Ce n'eſt donc pas J. C. qui parle au verſet précédent; & ce ne peut être, comme je l'ai dit, qu'un ſimple fidele. Je dois cette penſée à ces Traducteurs habiles; & je ne crains point de dire que ce Pſeaume, dans la bouche de David ſeul, ou de J. C. ſeul, perd toute ſa force, & n'a plus l'exactitude des expreſſions de la Vulgate. En les ſuivant, on n'eſt plus obligé de recourir à l'Hebreu; & j'oſe dire, d'y recourir en pure perte, comme j'ai tâché de le faire voir.

J'ai trouvé d'autres notes, qui ne m'ont pas guidé ſi diſtinctement, dans le choix des interlocuteurs; mais aſſez pour me faire ſentir néceſſaire le parti que j'ai pris, de joindre cette beauté à toutes celles que les argumens decouvrent. Les cinquante Pſeaumes, qui paroîtront inceſſamment, prouveront l'attention que j'ai eu d'expoſer, ſuivant la Vulgate, cette varieté admirable. Ai-je dû, parce qu'elle a été trop négligée, leur faire perdre, en m'écartant de la Vulgate, des richeſſes qui ſont l'ame de ces Poëſies parfaites?

Je vois, me dites vous, combien vous êtes attaché à la Vulgate : mais c'est pour cela même que l'on est étonné, que vous n'ayez pas eu plus d'égard pour sa ponctuation : celle que vous suivez en plusieurs endroits ne se trouve point ailleurs. Je sens, Monsieur, la difficulté ; & je vous prie de peser ma réponse. Qu'elle est l'édition à laquelle vous voulez me fixer, pour trouver la ponctuation que je dois suivre ? Depuis un siecle on a fait suivant l'Hebreu le plus grand nombre des Traductions Françoises des Pseaumes ; & j'ai remarqué qu'elles ont la plûpart leur source, dans la Traduction latine de Robert Etienne, imprimée à.... en 1644. Ce n'est assurément pas à ces Traductions que vous voulez me renvoyer, pour trouver la vraye ponctuation : les Traducteurs Hebraïsans, entr'eux-mêmes n'en ont point de stable. Voyez les deux dernieres, pour le Pseaume XVe ; voyez les, pour le Pseaume XLVIIIe dans lequel ma ponctuation aura quelques endroits, qui pourront vous frapper ; & dans lequel ils ne s'accordent pas, même pour la distribution des versets, & pour les pensées tirées de l'Hebreu. Quand même ils s'accorderoient ; ce n'est pas là que je trouverai la vraye ponctuation, suivant la Vulgate, qu'ils avouent ne pas entendre, puisqu'ils ont recours à l'Hebreu.

On nous annonce la Traduction de M. de Sacy, celle du Port-Royal à trois colonnes, & une de celles de M. Dumont, comme faites suivant la Vulgate ; mais j'y trouve le texte Latin abandonné en bien des endroits, qui déclinent vers l'Hebreu : ainsi j'y chercherois encore inutilement la vraye ponctuation. Et quant aux éditions purement latines des Pseaumes, je n'y vois pour la ponctuation rien de certain. Sont-elles données par des Hebraïsans, ou des Vulgatisans ? De plus, dans la ponctuation, a-t'on cherché celle propre à faire chanter les Pseaumes, ou celle propre à les faire entendre ? On en voit, où l'on met souvent deux points, pour distinguer les repos du chant, aux endroits qui ne demandent que des virgules. Tant que vous ne me montrerez aucune regle certaine, il ne faut pas vous plaindre de celle que je présente, pour les Pseaumes.

Pour ne pas la présenter à la légere; j'ai consulté la Traduction du P. Lallement, qui attaché très-surement à la Vulgate, m'a été d'un grand secours. C'est sa ponctuation, souvent différente de toutes les autres, qui m'a inspiré du courage : & comme j'ai cru voir en plusieurs endroits, extrêmement difficiles, qu'il avoit peut-être par complaisance Hebraïsé un peu la Vulgate, pour se conformer aux Traductions précédentes; j'ai osé alors l'abandonner lui-même, & suivant l'exemple qu'il m'a donné, j'ai cherché dans une nouvelle ponctuation le moyen de ne manquer en rien à la Vulgate, & de ne pas lui faire perdre un mot. Je suis persuadé que son amour pour la Vulgate me pardonnera cette infidélité.

Ne me dites plus, Monsieur, que je ne suis pas assez attaché à la ponctuation de la Vulgate : c'est précisement cette ponctuation, variée de toutes parts pour les Pseaumes, & par conséquent de toutes parts abandonnée, que je veux présenter dans un état, qui ne soit plus exposé aux changemens : c'est pour cela que je présente, suivant la Vulgate, le plan d'une Traduction Littérale, qui ne peut être qu'une, & qui fixera la ponctuation du Texte Latin. Mais sera-ce la mienne qu'il faudra choisir? Je n'en sçais rien : Je présente avec la plus grande soumission aux Sçavans ma Traduction Littérale; & je souhaite avec ardeur, qu'on y fasse tous les changemens nécessaires, jusqu'à ce qu'elle soit parfaite. Les changemens faits fixeront la vraye ponctuation.

Je prens Dieu à témoin, que je suis de chaque part sans la moindre prévention. Si j'ai dit avec quelque franchise mon sentiment sur les Traductions suivant l'Hebreu; c'est la docilité seule qui m'a fait parler, le respect seul que j'ai pour la Vulgate, sans aucun préjugé pour mon Ouvrage. Si l'on y trouvoit quelque défaut essentiel; je me trouverai très heureux de pouvoir me corriger & me perfectionner. C'est vous dire assez, Monsieur, qu'en me faisant part de ce que vous pourrez apprendre à cet égard, moins vous me ménagerez, plus vous serez sûr de ma reconnoissance.

APPROBATION.

J'AI lû, par ordre de Monseigneur le Chancelier, *une Lettre de l'Auteur de la double Traduction Littérale & Poëtique des Pseaumes de David, suivant la Vulgate.* A Paris ce vingt Janvier mil sept cent quarante-quatre.

MILLET.

Le prix de cette Lettre est de quatre sols.

De l'Imprimerie de THIBOUST, Imprimeur du ROY, Place de Cambray.

www.ingramcontent.com/pod-product-compliance
Lightning Source LLC
LaVergne TN
LVHW010020230826
846092LV00002B/913

* 9 7 8 2 3 2 9 6 3 0 6 2 5 *